RÉPONSE

A LA

" NOTE RELATIVE A LA

GÉNÉALOGIE

DE MAULDE

DE LA TOURELLE

DE

MM. LE CHEVALIER AMÉDÉE DE TERNAS
et ARTHUR MERGHELYNCK ",

PAR

ARTHUR MERGHELYNCK, ECUYER.

La vérité n'est agréable à certaines gens que pour autant qu'elle
soit flatteuse.

BRUGES
EDW. GAILLIARD, IMPRIMEUR-ÉDITEUR
1882

m

GÉNÉALOGIE

DE MAULDE

DE LA TOURELLE

RÉPONSE

A LA

" NOTE RELATIVE A LA

GÉNÉALOGIE

DE MAULDE

DE LA TOURELLE

DE

MM. LE CHEVALIER AMÉDÉE DE TERNAS

et ARTHUR MERGHELYNCK ",

PAR

ARTHUR MERGHELYNCK, ÉCUYER.

> La vérité n'est agréable à cer-
> taines gens que pour autant qu'elle
> soit flatteuse.

BRUGES

EDW. GAILLIARD, IMPRIMEUR-ÉDITEUR

1882

UN MOT D'EXPLICATION

Avant de mettre cet opuscule entre les mains du lecteur, nous croyons devoir y joindre quelques mots de présentation.

La recherche de la vérité est le seul but du généographe; toute autre préoccupation doit lui rester étrangère, et si, par la nature même de son travail, il est appelé, en bien des circonstances, à froisser l'amour-propre ou la vanité, ces froissements, qu'il saura ne pas craindre, il ne les recherchera jamais.

Une des constantes préoccupations du généalogiste amateur et désintéressé étant de rechercher les véritables rejetons des vieilles races chevaleresques et féodales, et, par le fait même, de vérifier les assertions des familles qui prétendent s'y rattacher, il est tout naturel que le nom DE MAULDE, qui figure au *Musée des Croisades à Versailles*, ait attiré l'attention de feu notre ami le Chevalier Amédée de Ternas.

Ce dernier avait depuis de longues années déjà
conçu l'idée de faire une brochure à ce sujet. Cette
intention s'était changée en détermination, quand
eut paru, dans quelques ouvrages (¹), une généalogie
dressée au moyen des archives de la famille DE
MAULDE DE LA TOURELLE, et dont les auteurs, de
bonne foi, il faut le croire, se mettent en désaccord
avec ceux (²) qui jusqu'alors avaient écrit l'histoire
des sires DE MAULDE (sur l'Escaut), en comprenant,
pour la toute première fois, parmi ces derniers les
sires *de la Tourelle*.

La généalogie de ceux-ci pourrait, suivant le
comte Paul du Chastel de la Howardries Neuvireuil,
être remontée sur titres jusqu'à Jean *de Maulde-*
Moreau, mort le 11 Mars 1544, fils présumé de Jean
de Maulde-Mahieu.

(¹) Notamment: *Annuaire de la Noblesse de France*, 1861,
p. 188; — *Palais de Versailles. Histoire généalogique du Musée des*
Croisades : Maulde, 1863.

(²) Entre autres auteurs qui se sont occupés de la maison DE
MAULDE, antérieurement à 1861, nous citerons les suivants :
Carpentier, *Histoire de la famille Herlin*, p. 187; — Hollebert,
Généalogie de quelques familles, p. 168; — Waucquier des Combes,
État de la France, vol. II, pp. 135, 208; — Azevedo, *Généalogie van*
der Noot, p. 410; — Goethals, *Dictionnaire généalogique*, article des
van Straten; — Du Mont, *Quartiers généalogiques*, pp. 164, 180, 254;
— *Généalogies de quelques familles des Pays-Bas dressées en partie*
sur titres et en partie des MS de Casetta, Butkens, d'Assignies et le
Blond, Amsterdam, 1774, pp. 168 à 177; — Lainé, *Archives généa-*
logiques et historiques de la noblesse de France, t. III, p. 111; et autres
publications héraldiques.

Monsieur de Ternas, qui avait reçu de nous de nombreux renseignements, jugea bon d'associer notre nom à son œuvre, qui ne parut qu'en Mai 1882, c'est-à-dire quelques jours avant sa mort.

Dès la publication de notre généalogie DE MAULDE DE LA TOURELLE, le chef actuel de la famille, en contestant l'exactitude du travail, crut trouver dans la préface une attaque personnelle, qui n'était nullement entrée dans l'esprit des auteurs.

Pour couper court à toute discussion, nous consentîmes, de concert avec Madame de Ternas, tout en maintenant l'exactitude de notre œuvre, à la retirer du commerce. Cette insigne complaisance a été mal récompensée, car nous avons reçu, il y a quelque temps, une notice anonyme, aussi agressive dans sa forme que nulle dans le fond, accompagnée d'une lettre de M. Robert de Maulde, nous annonçant solennellement " que les personnes de sa famille avaient " jugé utile de faire cet opuscule, dont la publicité " toutefois ne dépasserait pas celle que nous avions " donnée nous-mêmes à notre travail ".

Si nous avions pu supposer un instant qu'on eût fait de la polémique, nous nous serions réglé en conséquence; aussi, regardons-nous comme un devoir, tant vis-à-vis de nous-mêmes que par respect pour la mémoire de notre ami, de livrer de nouveau au public cette brochure que nous ne lui destinions plus.

Nous ne craignons pas la lumière et instituons ainsi tout homme compétent juge dans nos débats; c'est la voie dont nous n'aurions jamais dû nous écarter. Nous joignons à la brochure un mot de réponse qui fera apprécier à sa juste valeur le factum qu'on nous oppose et le coup de pied posthume qu'on adresse à Mr de Ternas.

Le lecteur trouvera donc à la suite de cette introduction :

D'abord quelques renseignements, obtenus depuis l'impression de la généalogie de la famille DE MAULDE DE LA TOURELLE, complétant notre œuvre;

puis la réponse qu'on nous a faite à propos de cette publication;

et enfin celle que moi-même, qui seul ai survécu à cette dernière, j'ai cru devoir faire, tant en mon nom qu'en celui de mon regretté collaborateur.

ARTHUR MERGHELYNCK, ÉCUYER

Château de Beauvoorde,
sous Wulveringhem, par Furnes,
le 20 Octobre 1882.

M. le comte Paul du Chastel de la Howardries Neuvireuil a bien voulu nous mettre à
même de dresser, sur titres originaux, le
crayon généalogique ci-dessous, qui complète
notre travail.

Jehan *de Maulde* se maria à Antoinette *Mahieu*,
fille de Guillaume, et en eut entre autres :

(?) 1° Jehan *de Maulde*, l'aîné, qui suit I.

2° Jehan *de Maulde*, le jeune, épousa, par contrat passé à Valenciennes, le 26 Avril 1519 (¹), après
Pâques, du vivant de ses parents, Jeanne d'*Artois*.

I. Jehan *de Maulde* (fils présumé de Jehan de
Maulde et d'Antoinette Mahieu) épousa Antoinette
Moreau. Dans leur testament ou avis de père et de
mère passé à Gommegnies le 5 Mai 1544, ledit Jehan

(¹) Ce contrat existe en double dans les archives de la famille
de Maulde de la Tourelle, d'abord l'original en chirographe, passé
à Valenciennes, le 26 Avril 1519 après Pâques, dans lequel le nom
du futur époux est écrit de la façon suivante : *Jehan de Maulde* (*)
..... *cuier;* puis une copie dudit contrat, certifiée, le 29 Avril 1689, par
Philippe-Léopold Wery et Guillaume-Ferdinand Faucille, échevins
de Valenciennes, dans laquelle nous voyons le nom dudit Jehan de
Maulde suivi des mots : " le Josne escuier ", le père n'ayant aucune
qualification.

(*) Déchirure.

2

s'attribue la qualification d'écuyer; ce document, qui toutefois n'est qu'une copie visée par les échevins de Valenciennes Philippe-Léopold Wery et Guillaume-Ferdinand Faucille, fait encore partie des archives de la famille de Maulde de la Tourelle; il nous fait connaître leur postérité qui suit, savoir :

1° Jehan *de Maulde*, l'aîné.

2° Gaspard.

3° Barbe, femme d'Hugues *de Fossez*, chevalier.

4° Marie, veuve de Nicaise *Prequet*, de Bavay, convola en secondes noces avec Noël *Blarion*, homme de fief.

5° Marguerite, épouse d'Hector *Carpentier*, écuyer.

6° Jehan *de Maulde*, le cadet, qui suit :

II. Jehan *de Maulde*, le cadet, résidant à Gommegnies, y épousa, par contrat passé le 5 Septembre 1546, Jeanne *Odelant*, fille de Nicaise *Odelant*, maieur de Gommegnies, et de Gérarde *du Blancquart*, et remariée, déjà en 1546, à Simon *Forien*, laboureur. Dans le contrat de mariage ci-dessus, aucune qualification nobiliaire n'est donnée à aucun des personnages qui y sont cités.

Jeanne Odelant testa le 18 Décembre 1601 et eut de son époux, entre autres enfants le fils qui suit :

III. Jehan *de Maulde*, qualifié d'écuyer, ainsi que son père, dans son contrat de mariage, passé le

14 Septembre 1587 (¹), avec Jacqueline *Oharlart*, fille de Nicolas et de Jacqueline *Dorcque*.

Pour la suite de la généalogie voyez pp. 9 à 23 de notre brochure intitulée *Généalogie de la famille de Maulde de la Tourelle et de Kemmel*; *ornée de deux planches et dressée sur titres par MM. le chevalier* AMÉDÉE DE TERNAS, *ancien élève de l'École des chartes,* et ARTHUR MERGHELYNCK, *écuyer; Douai, Louis Dechristé, imprimeur breveté, rue Jean-de-Bologne*, 1; 1882.

(¹) Comme on pourra s'en convaincre en examinant notre travail, Jean *de Maulde-Charlart* n'est nulle part à notre connaissance qualifié *d'écuyer* dans aucun autre acte public (actes d'embrefs, 1610 à 1616, etc., etc.), ni davantage dans les actes de naissance de ses enfants (1588 à 1612), baptisés à St.-Julien à Ath. Son fils Jean *de Maulde-Hannoye* se trouve dans le même cas par rapport au premier point (1620 à 1628). Il est le premier que nous trouvons qualifié du prédicat de *Dominus*, lequel n'est pas une qualification nobiliaire; quant à la qualification nobiliare *Domicellus* (Damoiseau), elle ne se trouve accollée à son nom dans aucun document ni dans aucun des actes baptistaires de ses enfants (1618 à 1637).

Le petit-fils de ce dernier, Pierre-François *de Maulde*, habitant à Valenciennes, est simplement désigné comme Sʳ (Sieur), sans aucune autre espèce de qualification, dans le prononcé du jugement de la Cour du Parlement de Tournai en 1687, rendu contre lui à la suite de la requête des *de Maulde de Condette*.

Pour la meilleure intelligence de notre Réponse, qui va suivre, nous croyons utile de reproduire ici *in extenso* la fameuse *Note* qui a été opposée à notre premier travail. Nous la donnons ci-dessous, telle qu'elle est sortie des presses de l'imprimeur lillois, et nous l'imprimons en caractères italiques, afin qu'on puisse d'autant mieux la distinguer de notre Réponse elle-même.

NOTE

relative à la

GÉNÉALOGIE DE MAULDE DE LA TOURELLE

de MM. le Chevalier AMÉDÉE DE TERNAS
et ARTHUR MERGHELYNCK

Il importe, avant d'entreprendre quelque chose, de connaître les conditions dans lesquelles on se trouve afin d'agir en conséquence. La question préliminaire est donc de savoir qui est chargé d'apprécier la position et les droits des particuliers ?

Il n'y a qu'une réponse possible : ce sont les magistrats, les tribunaux.

Messieurs les auteurs d'un mémoire généalogique sur la famille de Maulde de la Tourelle n'appartiennent à aucun tribunal, ils n'ont été délégués par personne, ou nommés experts, ni invités en aucune façon à publier une généalogie qui n'est, pour eux, qu'une pure fantaisie, qui ne repose ni sur un devoir, ni sur une nécessité, ils ne donnent pas les mêmes garanties que les magistrats qui sont bacheliers, licenciés ou docteurs de quelque faculté, ils n'ont prêté aucun serment, ni pris aucun engagement devant personne de dire la vérité rien que la vérité, et ils ont entrepris, sans autorisation de qui que ce soit, d'émettre les suppositions les plus hasardées, comme nous le démontrerons, et les plus malveillantes, sans preuves et sans excuse.

On pourrait sans honte et sans regrets traiter ce mémoire comme les œuvres de Delaunay, dont ils parlent. Nous avions déjà à nous plaindre de Delaunay qui avait, pour s'exercer, fabriqué deux titres faux au nom de de Maulde; mais ce faussaire ne les avait pas fait imprimer, ni publier, il a fallu, que, pour cause d'autres affaires, le Parlement fasse saisir tous ses papiers chez lui, pour découvrir les titres faux, qui n'avaient été faits par lui, que pour lui seul, et qui n'ont jamais servi qu'à allonger la liste des faux de ce criminel pour le faire condamner.

Tel est le fait principal qui pourrait avoir déterminé la publication du mémoire de ces messieurs. C'est

*nécessairement ainsi que cette affaire s'est présentée,
car si, par hypothèse, la branche de la Tourelle avait
produit ces titres faux, ou si on les avait trouvés en sa
possession, elle eût été poursuivie comme complice du
faussaire, ce qui n'est pas arrivé.*

*Pierre-François de Maulde n'avait aucun intérêt
à avoir un certificat ou une généalogie autre que la
sienne; toutes les circonstances de l'affaire prouvent
que le de Maulde dont il s'agit dans la condamnation
de Delaunay, n'est pas plus M. de la Tourelle que M.
de Condette et ses frères, que ceux-ci n'ont fait qu'une
attribution fausse, par ignorance du nom de la victime
que Delaunay avait en vue, ces noms de de Maulde ou
de Maude étant imaginaires et ne concernant, quoique
d'une date récente, aucune personne connue, ont dû
être considérés, par le parlement et le souverain bailliage de Tournay, comme une preuve de la fausseté
de ces deux actes; enfin le Parlement décida en conseil que :*

" *Veu la présente requête (celle de M. de Con-*
" *dette) et ouïs les gens du Roy, nous avons donné*
" *aux supplians acte de l'énonciation contenue dans*
" *la sentence rendue contre Jean Delaunay touchant le*
" *certificat cy mentionné ne regarde pas la famille des*
" *supplians, ordonnons que le présent acte sera re-*
" *gistré au pied de la ditte sentence, et couché ensuitte*
" *d'icelle sur les copies quy en seront despechées. Fait*
" *en conseil le neuf juin 1687.*

" *Signé Freumaut.* "

Le Parlement refuse donc par cette ordonnance de reconnaître Pierre-François de Maulde de la Tourelle pour celui que le coupable a désigné parce que cette allégation fausse aurait provoqué un procès qui aurait eu pour effet une déclaration publique, ce qui eût mis le Parlement dans une position désagréable; et pour punir le délateur de M. de la Tourelle, il fait reproduire la dénonciation inconcevable, dénuée de preuves, de M. de Condette.

Donc le Parlement comprend M. de la Tourelle avec les autres branches de la famille de Maulde; cette conséquence appuyée par la filiation approuvée par la Gouvernance de Lille et celle des seigneurs de Callaing, qui se composait de tous les de Maulde, en ligne directe depuis le mariage de Jean de Maulde et de Quintine le Prevôt, dame de Callaing, qu'elle avait hérité de son frère, jusqu'à la vente de cette seigneurie en 1548. Cette filiation si arbitrairement contestée se trouve par conséquent être d'une vérité bien réellement prouvée et incontestable par décision du parlement.

De plus, peu de temps après, le Roi, pour mieux affirmer l'innocence de Pierre-François de Maulde, le comprit parmi ceux qui avaient fait leurs preuves pour être nommé l'un des deux cents chevaliers héréditaires qu'il créa.

Mais on n'est pas dans la dépendance de ces auteurs qui, à leur gré, font les familles bonnes ou mauvaises.

La famille de Maulde n'était pas en relation avec Delaunay, car elle avait fait ses preuves généalogiques, contradictoirement et sans lui, avant la date des actes faux qui se trouvaient chez lui; ces actes, personne ne les connaît, personne ne les a vus, ils ont été judiciairement détruits avant d'être produits; mais pour les auteurs, il n'y a pas de considérations possibles devant l'omnipotence qu'ils s'accordent avec tant de complaisance.

La généalogie n'est ici, en grande partie, que la reproduction d'une décision judiciaire. L'on a prouvé beaucoup plus qu'on ne demandait à la Gouvernance de Lille; on ne prétend pas que cette généalogie a été le résultat d'une fraude; par conséquent je ne m'en occuperai pas, si ce n'est pour remarquer que ce jugement a été rendu le 12 Mai 1736, à une date très-postérieure aux actes faux et par conséquent après leur destruction. Il en est de même pour toutes les juridictions du pays chargées de vérifier la noblesse des parties, dont les auteurs ne parlent pas.

Ainsi la sentence des magistrats de Lille du 21 Janvier 1693, par laquelle, après avoir ouï le procureur syndic de la ville, il a déclaré que Pierre-François de Maulde jouirait des exemptions dont les nobles du pays jouissent :

Du Bureau des finances de Lille, qui avait reçu un acte de foi et hommage le 22 Décembre 1718.

De la Chambre des comptes de Lille des 7 Février,
16 Mai 1653 et 5 Mars 1655, ces dates antérieures aux
pièces fausses et d'autres décisions judiciaires.

Les auteurs ne peuvent pas prétendre que les
tribunaux n'ont aucune compétence pour apprécier la
noblesse et les généalogies qui leur ont été présentées
et qu'eux seuls ont le pouvoir nécessaire; ainsi les
tribunaux ont décidé, à plus forte raison les souverains
au nom desquels on rend la justice ont pu décider en
vertu de leur autorité.

C'est ce que Philippe II, roi d'Espagne, a fait
en vertu de sa puissance souveraine, dans les lettres
qu'il a données, à Bruxelles, en Janvier 1594, à Jean
de Maulde, père de celui que les auteurs citent le premier. Il énumère les services qu'il lui a rendus à la
guerre ainsi qu'à Charles-Quint, empereur, il constate
aussi que ce Jean de Maulde était écuyer, que son père
Jean de Maulde était chevalier, et lui accorde de jouir
de tous les droits, libertés, franchises et exemptions en
tous ses États. Cette pièce a été vérifiée et produite
plusieurs fois, entr'autres par C. Bouhelier, roi d'armes du Hainaut, le 28 Décembre 1653, elle fut accor-
dée sans aucune charge d'enregistrement ni d'entéri-
nement, ainsi que Charles d'Hozier, conseiller du Roi,
généalogiste de la maison, l'a constaté le 8 Janvier
1693. Cependant, sans y être obligé, elle fut enregistrée le 11 brumaire an XIV. On craignait alors le
retour aux lois révolutionnaires qui prescrivaient la

3

destruction des papiers concernant les privilèges, titres honorifiques ou seigneuriaux; ce qui dispense aujourd'hui les particuliers de produire les pièces qui ont été légalement détruites.

La libéralité de Philippe II s'explique encore par cette circonstance que le chevalier Jean de Maulde (¹) étant au service de l'Empereur, avait été blessé et fait prisonnier en 1543 au siège de Landrecies, son fils Jean de Maulde, écuyer, avait aussi été fait prisonnier en 1547, un an après son mariage, à la bataille de Mulberg, que Charles-Quint gagna le 22 Avril sur Frédéric, duc de Saxe, et Philippe, landgrave de Hesse. Il fut obligé d'engager ses terres pour payer sa rançon et vendre la terre et seigneurie de Callaing, le 13 Avril 1548, à Gilles François, cela se prouvait par les cahiers de relief de la terre de Gommegnies, ainsi de riches qu'ils étaient ils devinrent plus pauvres.

La famille de Maulde a seule intérêt à empêcher les étrangers de prendre son nom et ses armes.

La branche aînée a les preuves qui permettent d'établir son origine, elle s'en est servie en bien des

---

(¹) Il avait été créé chevalier par l'Empereur Charles-Quint. Un historien raconte ce fait :

" Cette chapelle rappelle aussi quelques souvenirs intéressants :
" elle eut l'honneur d'être visitée, en 1531, par l'Empereur Charles-
" Quint qui y reçut le Magistrat de la ville, et qui, pour lui prouver
" sa satisfaction, y arma chevaliers les deux prévôts Messieurs Jean
" de Maulde et Guillaume de Cambry, en leur frappant de son épée
" sur le dos. "

(272. Le Maistre d'Anstaing. Église cathédrale de Tournai).

circonstances et nos auteurs n'émettent aucun doute à
cet égard, ils traitent en faussaires un certain nombre
de branches qu'ils ne citent pas toutes, et cependant
ils connaissent la part que la branche aînée a prise à
la reconnaissance de la branche de la Tourelle, dont
on possède l'acte original, des généalogies rédigées par
elle qui comprennent aussi cette branche de la Tourelle;
ils savent qu'elles ont été prouvées par des actes qui
lui appartiennent et par ceux de ladite branche et
faites avant la date des actes faux; mais des esprits
prévenus ne pensent pas à cela. Il y a cependant im-
possibilité matérielle de prétendre que ces actes faux,
qui n'étaient pas en possession de la branche de la
Tourelle, ont pu être produits avant leur date.

C'est sur de pareilles rêveries que l'on établit une
généalogie. On veut faire croire qu'Elisabeth de Maulde,
fille dévote, enfant de Jean de Maulde et de Jacqueline Charlart, dont on reconnaît la noblesse parce
que la Gouvernance de Lille l'a décidé ainsi, n'avait
pas d'armoiries; or, si le père était noble, pourquoi
veut-on que sa fille n'ait pas les armoiries de son père?
Il faut donc croire qu'ayant renoncé au monde, Elisabeth de Maulde avait renoncé à son écusson et peut-
être aussi à sa fortune; c'est pour cela qu'on lui donne
pour emblème un pot de fleurs, et l'on produit comme
preuves une série de notes informes de 1610 à 1628 qui
ne sont ni publiques, ni authentiques, ni contradictoires, qui peuvent, jusqu'à un certain point, constater

la pauvreté de la famille, nous avons expliqué quelle
en est la cause honorable; mais jusqu'ici il reste à
produire des actes qui justifient l'opinion des auteurs
et qu'on puisse produire sans conteste devant les tribunaux.

Je ne citerai pas le traité de mariage et les par-
tages de Jean de Maulde et de sa femme, Jacqueline
Charlart; ces actes nomment Jean de Maulde et Jeanne
Odelant, père et mère de Jean; ils furent enterrés dans
la paroisse Saint-Wast, près de Bavai, dans la chapelle de Saint-Pierre, où il y avait un tombeau en
pierre, portant huit quartiers; je n'ai jamais rencon-
tré de tombeaux de personnes qui ne sont pas nobles
avec huit quartiers au milieu du XVIᵉ siècle, au
XVIIIᵉ, il y en avait un à Valenciennes, mais je ne
citerai pas ces deux pierres successives, cela aurait de
l'inconvénient pour les auteurs.

Que reste-t-il des accusations de cette introduction
si malveillante, de cette généalogie tronquée? Rien. La
justification est complète. L'un des auteurs " récuse
" l'introduction et avoue que sa bonne foi a été sur-
" prise et qu'il n'a été à même de s'en rendre compte
" qu'après l'impression. "

L'autre n'a pas survécu à cette publication.

Les auteurs de la notice se trompent quand, après un premier paragraphe digne d'éclore sous la plume de Prudhomme ou de Guibolard, ils disent :

" Messieurs les auteurs d'un mémoire généalogique sur " la famille *de Maulde de la Tourelle* n'appartiennent à aucun " tribunal, ils n'ont été délégués par personne, ou nommés " experts, ni invités en aucune façon à publier une généalogie " qui n'est, pour eux, qu'une pure fantaisie, qui ne repose ni " sur un devoir, ni sur une nécessité, ils ne donnent pas les " mêmes garanties que les magistrats qui sont bacheliers, " licenciés ou docteurs de quelque faculté, ils n'ont prêté " aucun serment, ni pris aucun engagement devant personne " de dire la vérité rien que la vérité, et ils ont entrepris sans " autorisation de qui que ce soit, d'émettre les suppositions " les plus hasardées, comme nous le démontrerons, et les " plus malveillantes, sans preuves et sans excuse. "

Il n'est nécessaire, ne leur déplaise, d'être bachelier ni magistrat pour être généalogiste; la généalogie est une science, comme l'histoire, dont elle n'est qu'une branche. Cette science, on l'étudie à l'école des chartes, dont nos contradicteurs ignorent peut-être l'existence, et dans les dépôts d'archives, avec lesquels ils ne semblent pas être en relation bien fréquente. Nulle autorisation n'est nécessaire pour écrire l'histoire d'une famille : les inexactitudes commises, et non la base du droit, peuvent seules être du ressort des tribunaux civils. Il pourrait certes, en certaines circonstances, sembler préférable que le généalogiste ne fût admis à travailler que muni d'une licence : ce système, commode pour plus d'un, développerait notablement une industrie florissante déjà et qu'un de nos amis qualifiait assez spirituellement de mythologie domestique. Nous n'avons pas, il est vrai, prêté un serment fort inutile : tout auteur sérieux prenant la plume en matière sérieuse s'engage par le fait à ne pas berner son public, comme nos contradicteurs ont consacré onze pages d'impression à essayer de le faire.

Messieurs *de Maulde de la Tourelle* ont jugé utile la publication du mémoire en question et nous mettent en parallèle avec le fameux faussaire Delaunay, dont leurs ancêtres ont eu, paraît-il, à se plaindre; ils nous regardent même comme plus criminels que ce dernier.

Nous ne pouvons rester sous le coup d'une pareille accusation. Aussi, pour nous justifier, prierons-nous tout bonnement nos lecteurs de vouloir bien jeter un coup-d'œil, d'abord sur le texte du jugement de *Delaunay*, tel qu'il a été rendu, et ensuite sur la requête des *de Maulde de Condette*, telle qu'elle a été enregistrée au pied dudit jugement, et en regard de laquelle nous reproduisons le tronçon tout aussi informe qu'incompréhensible qu'en donnent nos contradicteurs. (Voir plus loin.) — Nous croyons pouvoir affirmer qu'il sera facile pour tout homme sérieux de juger immédiatement qui, de nòs honorables contradicteurs ou de nous, se rapproche le plus en cette circonstance du trop célèbre héraut d'armes, auquel, entre autres, la fabrication de pièces fausses pour les *de Maulde* coûta la vie.

L'allégation que " si la branche *de Maulde de* " *la Tourelle* avait produit des titres faux ou si on " les avait trouvés en sa possession, elle eût été pour- " suivie comme complice de faussaire, ce qui n'est " pas arrivé ", ne tient pas debout.

Personne n'ignore qu'on aurait dû, avant de poursuivre les *de Maulde de la Tourelle* comme complices, commencer par démontrer qu'ils avaient agi de mauvaise foi, en se servant de pièces qu'ils savaient être fausses. Or, nous aimons à croire que le contraire a eu lieu, et nous aurons le bon goût de ne pas prononcer de réquisitoire contre eux; il se peut fort bien, en effet, que les *dè Maulde de la Tourelle* aient reçu, de la meilleure foi du monde et moyennant finances sérieuses, des pièces fausses qu'ils ont pu supposer véritables et qu'ils auront payées pour telles.

Ces pièces, ainsi que l'indique le jugement prononcé contre Jean Delaunay, sont:

1º L'attestation du magistrat de Bruxelles, signée J. B. Houwaert, du 26 Janvier 1685, pour la généalogie *de Maulde*.

2º Le certificat sous les signatures d'Englebert
Flacchio, Charles Valentin, J. Maurissen et J.-B.
Beckeberghe, qualifiés hérauts d'armes de S. M.
Catholique à Bruxelles, pour la famille *de Maulde,*
du 19 Janvier 1685.

Ces deux titres auraient, dit la brochure, été
fabriqués par Delaunay pour lui, pour s'exercer, et
finalement saisis chez lui.

Et notre contradicteur ajoute :

" CES ACTES, PERSONNE NE LES CONNAÎT, PERSONNE
NE LES A VUS; ILS ONT ÉTÉ JUDICIAIREMENT DÉTRUITS
AVANT D'ÊTRE PRODUITS.... "

Eh bien ! c'est une *erreur :*

Ces pièces ont été *délivrées,* dit le jugement, et
cela est tellement vrai que *vous-même,* notre contradicteur, vous les avez entre les mains.

Voici, au surplus, ce que notre collègue et ami
le comte Paul du Chastel de la Howardries-Neuvireuil nous écrivit à ce sujet, le 22 Septembre, en
nous autorisant à faire usage de sa lettre :

" Je puis dire hautement que moi je les connais, que moi
" je les ai vus et maniés au château de Kemmel en Octo-
" bre 1880. Si j'avais pu prévoir ce qui serait arrivé, j'en au-
" rais pris copie, mais comme deux faux ne pouvaient me
" servir, je les ai (malheureusement) dédaignés. "

Le fait seul que le chef actuel de la famille *de
Maulde de la Tourelle* possède, dans ses archives de

famille, les actes faux délivrés par Delaunay, ne prou-
ve-t-il pas à toute évidence que celui qui les a reçus
est incontestablement son auteur, le Sr Pierre-François de Maulde, demeurant à Valenciennes vers 1685,
comme nous le prouverons plus loin?

Pour d'autant mieux appuyer les considérations
que nous venons de faire valoir contre la thèse sou-
tenue par notre honorable contradicteur, nous croyons
utile de faire suivre ici les textes, d'abord du jugement rendu contre *Delaunay* (1), et ensuite de la
fameuse requête des *de Maulde de Condette* (2). Nous
reproduisons en regard de cette dernière le tronçon
informe qu'en donne notre contradicteur.

On remarquera sans peine que notre contradicteur publie, il est vrai, le prononcé du jugement,
mais qu'il oublie soigneusement de nous dire sur
quoi il roule. Il en cite tout juste assez pour montrer
qu'il n'ignore pas l'existence de la requête des *de
Maulde de Condette*. Nous ne qualifierons pas ce
mode nouveau de discuter, pièces en mains, et aban-
donnons volontiers à nos lecteurs le soin de juger
cette façon toute neuve de reproduire un document
authentique pour appuyer une cause.

------

(1) Hovèrlant de Bonwelaer, *Essai chronologique pour servir
à l'histoire de Tournai*, Tournai, in-18, tome LXXX, p. 102 et sui-
vantes.

(2) En 1880, une copie de cette pièce se trouvait encore au château de Kemmel, entre les mains de M. Robert de Maulde.

4

Quant au paragraphe consacré aux conclusions
que notre contradicteur tire de ce jugement, nous
avouons humblement ne pas en comprendre le premier mot. L'expression et l'idée même " d'un parlement mis dans une position désagréable " est neuve
pour nous ; le dictionnaire de l'Académie française,
que nous avons consulté, n'a pu nous fournir la
moindre explication. Peut-être son auteur est-il en
instance pour faire admettre ce néologisme par cette
docte assemblée.

JUGEMENT DE JEAN DELAUNAY

> Extrait des registres de la Cour
> du Parlement de Tournai et rapporté
> dans l'Introduction aux listes et titres
> de noblesse chevaleries, publiée à Bru-
> xelles, en 1847, p. VIII et suiv., d'après
> M. Hoverlant de Bouwelaere, auteur
> de l'*Essai chronologique pour servir à
> l'histoire de Tournai.*

Veu par la cour le procès criminel, extraordinairement
fait, et instruit par les baillis et officiers du bailliage dudit
Tournay et Tournaisis, à la requête de l'avocat du Roi audit
bailliage, demandeur et accusateur; contre Jean *de Launay,*
accusé, prisonnier ès prisons de sa Majesté audit bailliage,
appellant de sa sentence contre lui donnée de douze Avril
de cet an 1687, par laquelle ledit *de Launay* avait été déclaré
dûment atteint et convaincu d'avoir falsifié et délivré un
certificat, sous les signatures de E. Dandelct, E. Flacchio,

et J. Mallien, qualifiés hérauts d'armes du roi catholique
à Bruxelles, touchant la famille des *Le Comte*, daté du
treize Novembre quatre-vingt-quatre; d'avoir falsifié et délivré au nommé *Roty* une attestation couchée à la tête d'une
généalogie, sous la signature E. Flacchio; d'avoir encore
falsifié et délivré audit *Roty* un certificat sous les signatures
de C. Strozzi Medicis et Marco-Antonio d'Auverlos, qualifié
héraut d'armes de Milan; d'avoir falsifié et délivré un certificat sous les signatures de Englebert Flacchio, Charles
Falentin, J. Morissens, et J. B. Beckeberghe, qualifiés hérauts d'armes du roi catholique à Bruxelles, pour la famille
des *de Maulde*, du dix-neuf Janvier 1685; d'avoir falsifié et
délivré deux attestations du Magistrat de Bruxelles, signé
J. S. Houwaert, savoir: l'une à la tête de la généalogie du
nommé *Payelle*, de l'année quatre-vingt-un, et une autre
du 26ᵉ Janvier quatre-vingt-cinq, pour la généalogie dudit
de Maulde; d'avoir falsifié et fabriqué deux titres, savoir
celui commençant Ego Antonius Havet, et un autre, commençant In nomine domini, et au bas signé Hergamus et de
les avoir délivrés audit *Payelle* pour justifier la généalogie
qu'il lui avait faite; véhémentement suspecté d'avoir falsifié et
fabriqué une patente de noblesse donnée en faveur de *Robert
Payelle* de l'an 1476, sous le nom de Marie Duchesne de
Bourgogne; duement atteint et convaincu d'avoir raclé deux
actes de l'élection d'Artois, couché sur le replis de ladite
patente et dont l'un était barré; véhémentement suspecté
d'avoir falsifié et envoyé au nommé *Vallumart*, de Bruxelles,
un certificat des prévôts jurés de la ville de Tournay du
sept de Novembre quatre-vingt-quatre; d'avoir voulu faire
une fausse attestation du magistrat de Lille, sous la signa-
türe du greffier Tesson; convaincu d'avoir été trouvé saisi
de grand nombre de cachets, et sceaux publics et particuliers, tels que des Rois d'Espagne, d'Angleterre, du Duc

de Saxe, des villes de Londres, Bruxelles, Liége, Tournay, Lille, et autres, repris dans le procès; d'avoir raclé les textes de plusieurs anciens titres, et d'en avoir conservé les sceaux et signatures et véhémentement suspecté d'avoir commis d'autres faussetés mentionnées au procès; pour réparation de quoi il aurait été condamné à faire amende honorable en chemise, tenant en ses mains une torche de cire ardente du poids de deux livres, l'audience tenant, et là étant nu tête, et à genoux dire et déclarer que méchamment il a commis lesdites faussetés dont il demande pardon à Dieu, au Roi, et à justice, et seront lesdites pièces falsifiées, lacérées en sa présence; ce fait, avoir poing de la main droite coupé par l'exécuteur de la haute justice sur un échafaud qui serait dressé sur la place vis-à-vis dudit bailliage, et banni à perpétuité des terres de l'obéissance de sa majesté; à lui enjoint de garder son ban sur peine de la hart; les livres, mémoires, notices, cachets, sceaux, et pièces ayant servi, ou pour servir à la fabrication des faussetés ci-dessus confisqués; condamné à trois cents livres d'amende envers le Roi, et aux dépens du procès. Et ouï et interrogé en ladite cour ledit *de Launay* sur la cause d'appel, et cas à lui imposés, conclusions du procureur général du Roi, qui a appelé à minimâ; oui le rapport de Messire Antoine-François Le Merchier, conseiller, et tout considéré, la cour a mis, et met l'appellation et sentence de laquelle a été appel, au néant; émandant a pour les cas résultants du procès, condamné et condamne ledit *de Launay* d'être mené en la chambre dudit bailliage par l'exécuteur de la haute justice la corde au cou, et là, nu tête, et à genoux, dire, et déclarer que faussement et malicieusement, il a fabriqué lesdites pièces, dont il se repend, et en demande pardon à Dieu, au Roy, et à justice et ordonne que lesdites pièces falsifiées seront lacérées, et les sceaux mentionnés au procès rompus par ledit exécuteur en présence de

l'accusé; ce fait, condamne ledit accusé d'être pendu et étran-
glé, jusqu'a ce que la mort s'en suive, à une potence qui,
pour cet effet, sera dressée sur la grande place de cette ville,
et déclare tous, et chacun ses biens acquis et confisqués au
profit de qui il appartiendra, sur iceux pris au préalable les
frais, et mises de justice esquels la cour l'a condamné et condamne; et pour faire mettre le présent arrêt a exécution, a
renvoyé et renvoie ledit *de Launay* prisonnier par devant
lesdits baillis, et officiers de Tournay et Tournaisis. Fait au
parlement à Tournay le seize Mai 1687.

(Signé) N. Sourdeau.

Voici maintenant la requête elle-même des *de
Maulde de la Oondette*, suivie de l'avis émis par le
grand-bailli de S. M. au bailliage de Tournai, don-
nant acte aux requérants que l'énonciation contenue
au jugement rendu contre Jean Delaunay ne concerne par leur famille, " mais bien le Sr Pierre-
François de Maulde, demeurant à Valenciennes,
*lequel les remonstrans ne reconnaissent pas pour estre
de leur famille* ".

Est-ce assez catégorique? Et cependant, pour
nous servir d'une expression de notre contradicteur
lui-même, dire que c'est " sur de pareilles rêveries
que l'on établit une généalogie ". Mais, il fallait
enlever au lecteur le moyen de contrôler une affir-
mation, qui ne pouvait tenir un instant debout. A
ce titre, il peut certes être habile de la part de
notre contradicteur de reproduire la sentence de l'of-
ficier du roi, décapitée de la pièce elle-même qui

seule lui donne une signification, mais ce stratagème ne peut tourner que contre lui et contre la thèse dont il s'est posé le trop zélé champion.

Requête des *de Maulde de Condette :* Texte original.

Tronçon qu'en donne notre contradicteur.

> *A Monsieur Monsieur le grand bailly, lieutenant et conseiller du Roy au bailliage de Tournay.*

....
....
....
....

Remonstrent très-humblement Messire François *de Maulde,* chevalier seigneur de Blévylle, Condette, et autres lieux, Messire Jacques *de Maulde* aussy chevalier son frère, issus de la véritable et illustre maison de *Maude* du Hainaut, tant en leurs privés noms qu'en noms de leurs freres et de ceux de la véritable maison *de Maude,* qu'il est venu à leur connaissance que, dans la sentence portée contre le sieur de Launay, il est énoncé entre ses autres crimes quil est convaincu d'avoir falsifié et délivré un certificat sous les signatures d'Englebert Flacchio, Falentin, J. Morissens et J. A. Becque-

....
....
....
....
....
....
....
....
....
....
....
....
....
....
....
....
....
....

berghe, qualifiez heraux d'armes du roy catholique à Bruxelles pour la famille des *de Maulde* et *comme cette enonciation, quy est generale, leur est préjudiciable,* puisqu' estans nez incontestablement d'une noblesse de tres ancienne chevalerie, *aucun de sa famille n'a jamais requis ny receu aucun certificat* ny aucune relation avec ledit sieur de Launay, *mais bien le S*^r *Pierre - François de Maulde demeurant à Valenciennes, lequel les remonstrans ne reconnaissent pas pour estre de leur famille,* c'est le suject qu'ils vous supplisent, Messieurs, de déclarer que laditte énonciation ne regarde pas leur famille, mais seullement ledit Pierre-François *de Maulde* demeurant à Vallenciennes, et le faire aussy enregistrer a la marge de ladite sentence, ordonnant au greffier de n'en plus despecher de copie qu'avec cette modification, et d'en donner acte aux remonstrans, quoi faisant....

Veue la presente requête, et ouis les gens du Roy, nous

" *Veu la présente requête* " (*celle de M. Condette*), *et ouis* avons donné aux suppliañs acte de ce que l'enonciation contenue dans la sentence rendue contre Jean de Launay touchant le certificat cy mentionné ne regarde pas la famille des supplians, ordonnons que le présent acte sera registré au pied de ladite sentence, et couché en suitte d'icelle sur les copies quy en seront despechees.

Fait en conseil le nœuf Juin 1687.

(Signé) FREMAUT.

" *les gens du Roy, nous avons*
" *donné aux supplians acte de*
" *l'énonciation contenue dans*
" *la sentence rendue contre Jean*
" Delaunay *touchant le certifi-*
" *cat cy mentionné ne regarde*
" *pas la famille des supplians,*
" *ordonnons que le présent acte*
" *sera registré au pied de ladite*
" *sentence, et couché ensuitte*
" *d'icelle sur les copies qui en*
" *seront despechées. Fait en con-*
" *seil le neuf Juin* 1687.

" *Signé* FREUMAUT. "

Les jugements sont chose précise, et si celui de 1687, pour bien indiquer à qui il s'applique, se contente de désigner le sieur Pierre-François *de Maulde* comme habitant Valenciennes, c'est que cette désignation ne pouvait donner lieu à aucune équivoque et que la personne ainsi dénommée était incontestablement la seule de ce nom demeurant en cette ville.

Un coup d'œil sur notre généalogie ou sur celle donnée par Boudin suffira pour convaincre que Pierre-François *de Maulde de la Tourelle* habitait certainement Valenciennes à cette époque (¹). Il devait, du

(¹) Pierre *de Maulde* épousa, par contrat passé devant les échevins de la ville de Valenciennes, le 13 Avril 1655, Elisabeth *Hardy*, fille de Pierre, échevin de Valenciennes en 1643-1676, puis massard (trésorier) de cette ville, et de Quentine *Derhem.*

reste, avoir été mis en demeure de prouver la justesse
de ses allégations quant à son origine, et si, le 9 Juin
1687, un jugement est intervenu contre lui, c'est
qu'il était resté en défaut de le faire.

L'acte de notoriété, nous écrit M. le comte Paul
du Chastel de la Howardries-Neuvireuil, rapporté par
Boudin à la page 3 en note, par lequel Michel-Jac-
ques *de Maulde de Condette* (jeune homme de 19 ans
au plus) et Benoît Succa (oncle par alliance de Michel, étranger au pays et par conséquent peu capable
de connaître l'origine de la maison *de Maulde*), reconnaissent Pierre *de Maulde*, écuyer, seigneur de la
Tourelle, comme parent et consanguin, se trouve in-
firmé par la requête, postérieure en date, de MM. de
Maulde de Condette, issus de la vraie et illustre maison
de ce nom, adressée au grand-bailli du bailliage de

Jean-Bernard *de Maulde* mourut à Valenciennes, paroisse Saint-
Jean, le 28 Octobre 1727, et fut inhumé aux Dominicains de cette
ville.

Pierre-Joseph *de Maulde*, mort en bas-âge le 4 Juillet 1686, et
enterré aux Dominicains de Valenciennes.

Jacques *de Maulde* épousa, par contrat passé devant les échevins de Valenciennes, le 16 Avril 1692, Marie-Anne *Le Duc*, fille de
Claude-Lamoral, écuyer, seigneur d'Ailly, prévôt et trésorier général de la ville de Valenciennes, et de Marie-Ignace *Haugoubart*.

Pierre-François *de Maulde*, qualifié d'écuyer, fils de "feu Pierre
de Maulde (à Valenciennes) et de D^elle Élisabeth *Hardy*", va habi-
ter Lille en 1692 et il est reçu bourgeois le 20 Juin de ladite année.
(Tome IX des registres aux bourgeois de Lille, f° 144 v°; Archives
de la ville de Lille.)

Donc à la fin du XVIIe siècle, la famille *de Maulde de la Tourelle*
habitait Valenciennes.

5

Tournai, dans laquelle ces gentilshommes déclarent catégoriquement que le seul *de Maulde* ayant eu des relations avec le faussaire Jean *Delaunay* est le sieur Pierre-François *de Maulde*, demeurant à Valenciennes, *lequel les remontrants ne reconnaissent pas pour être de leur famille.*

Et pour nous résumer en deux mots, nous disons à l'auteur de la brochure :

Les faux fabriqués par *Delaunay,* que vous dites n'avoir servis à ce faussaire que " pour s'exercer ", ces faux que " personne ne connaît ", que " personne n'a vus ", ces faux qui, à vous en croire, auraient " été judiciairement détruits avant d'être produits ", ces faux ont été bel et bien *délivrés* à un sieur Pierre-François *de Maulde* habitant Valenciennes.

Or, à cette date un Pierre-François *de Maulde,* votre *auteur, seul de son nom* dans cette ville, habitait Valenciennes.

C'est donc à lui que ces faux ont été délivrés.

Et c'est si bien à lui que vous, son descendant, vous retrouvez ces mêmes faux dans vos archives de famille au château de Kemmel.

Nous en concluons que c'est incontestablement avec raison que le marquis de la Buissière, le dernier des *de Maulde,* au XIXᵉ siècle, comme Mʳ de Condette au XVIIᵉ, refusaient de reconnaître leur sang dans la famille *de Maulde de la Tourelle.*

Les lettres de chevalerie octroyées, en Novembre 1702, par Louis XIV, à Pierre - François *de Maulde*, loin d'avoir été données, comme le dit l'auteur de la brochure, p. 5, ligne 7, " pour mieux affirmer l'innocence de Pierre-François de Maulde ", prouvent tout au plus que ce dernier était, au moment de les obtenir, dans une belle position, ce que nous n'avons jamais contesté.

Cette libéralité contre écus sonnants doit encore être considérée comme une mesure fiscale de l'époque. " Louis XIV, dit Monsieur Alphonse Vandenpeereboom, Ministre d'État, dans son remarquable ouvrage sur les Cours de justice, qui ont exercé juridiction à Ypres, p. 117, afin d'alimenter son trésor épuisé, généralisa " le système de la vénalité : les charges publiques et même " les titres de noblesse furent vendus aux enchères et au plus offrant ".

Le même auteur dit en note :

" Nous trouvons dans le Recueil des Édits du " Roi, p. 468, un édit de Novembre 1702, par lequel " Louis XIV anoblit 200 personnes et créa, la même " année, 200 titres de chevalerie héréditaire dans les " Provinces de Flandre, Artois et Hainaut, moyen- " nant finances bien entendu.

" Le nombre des lettres de noblesse mises en " blanc, à la disposition des intendants pour être " vendues, dans la Flandre gallicane et flamingante, " était si considérable que l'offre dépassa la de-

" mande. Beaucoup de ces lettres ne trouvèrent par
" d'acheteurs. ".

Hâtons-nous de dire qu'à notre sens le premier
venu n'eût certes pas été admis à se procurer ces
marques d'honneur et de distinction, et qu'on n'y
agréait que les familles déjà riches et bien posées;
trop de facilité dans le choix eût mécontenté l'ancienne noblesse, le plus solide appui du trône.

C'est là, pensons-nous, l'explication de cette
" offre dépassant la demande ".

Il n'est donc pas étonnant de voir la famille *de
Maulde de la Tourelle*, remplissant les conditions né-
cessaires pour l'obtenir, acheter une distinction, dont
cependant elle ne s'est jamais prévalue depuis.

Comme cheval de bataille, la brochure fait éta-
lage de certaines lettres du roi d'Espagne Philippe II,
accordées à Bruxelles, en Janvier 1594, à Jean *de
Maulde*, fils de Jean de Maulde, chevalier, et père de
Jean *de Maulde*, bourgeois de la ville d'Ath, échevin
de cette ville en 1597 et 1598, receveur de l'abbaye
de Cambron, époux de Jacqueline *Charlart* (¹).

Nous nous permettons de douter quelque peu de
l'authenticité de ce document et de croire qu'il pour-

(¹) La famille *Charlart* comptait parmi ses membres des mar-
chands, bourgeois de Valenciennes, de Mons et de Tournai, ayant
en fief, au milieu du XVIᵉ siècle, la mairie héréditaire de Boudour.
(Cᵗᵉ de Saint-Génois, *Monuments anciens*, tome II, feudataires de
la prévôté de Mons, p. 390, col. 2, en haut.) —Communication de
M. le comte du Chastel de la Howardries-Neuvireuil.

rait bien avoir été fabriqué par *Delaunay*, pour appuyer au besoin les faux certificats délivrés par lui. En effet, outre que ces lettres n'ont été enregistrées nulle part, ce qui ne leur donne pas de date certaine, nous voyons Jean *de Maulde*, orné d'un titre de chevalier, qu'il ne s'attribuait pas à lui-même, comme nous le démontrerons tout à l'heure. Or, nous savons par le jugement de Jean Delaunay, que ce célèbre héraut d'armes fut condamné, entre autres pour avoir raclé les textes de plusieurs anciens titres et en avoir conservé les sceaux et signatures; et le jugement spécifie, au sujet de cette fraude insigne, qu'elle a notamment été appliquée à des actes émanés des rois d'Espagne.

Du reste, si Pierre-François *de Maulde* avait été effectivement à même de produire des titres authentiques émanant de Philippe II et établissant, en 1594, la noblesse de sa famille, il n'eût pas manqué de le faire. Dès lors, il est impossible de sortir de cette double alternative :

Ou bien, et c'est ce que nous pensons, les lettres en question, émanées prétendûment du roi Philippe II, ont été produites au parlement en réponse à la requête de M. *de Condette*, et elles n'ont pas été trouvées probantes;

Ou bien, on ne les a pas produites, et alors c'est que leur possesseur avait de bonnes raisons pour s'en dispenser.

Jean *de Maulde*, — père de celui qui aurait obtenu les fameuses lettres de Philippe II, — chevalier, d'après la Notice, p, 7, décède en 1544 et, dans son testament, se montre plus modeste que ses descendants et ne se qualifie que d'écuyer.

Et cependant pour étayer cette prétendue chevalerie, on a glissé, au bas de la page 8, une note où on lit, qu'à la page 272 de son ouvrage sur la cathédrale de Tournai, M. le Maistre d'Anstaing dit qu'en 1531, Jean de Maulde et Guillaume de Cambry, tous deux prévôts à Tournay, furent créés chevaliers par Charles-Quint.

Or, nous écrit M. le comte du Chastel de la Howardries-Neuvireuil, ce fut la veille de la fête de S. Laurent, en Août 1538, à l'occasion de l'entrée du prince d'Espagne (depuis Philippe II), à Tournai, que Jean *de Maulde*, écuyer, seigneur de la Cauchie de Montuan et grand prévôt à Tournai, fut armé chevalier avec Guillaume de Cambry, second prévôt. Et qui était ce Jean de Maulde ? Point capital dans l'espèce ! C'était l'époux de Jacqueline de Thiennes, que l'on voit cité à la page 170, l. 20, de la généalogie de la famille *de Maulde*, dans le *Recueil généalogique de quelques familles des Pays-Bas (Amsterdam*, 1774), " et qui n'eut jamais rien de commun que le nom avec "Jean de Maulde-Moreau, domicilié à Gommegnies, " ancêtre de la famille *de Maulde de la Tourelle* ". Nous donnons ici, à titre de spécimen, une courte analyse du contrat de mariage de Jean *de Maulde* et Jeanne *Odelant,* que notre contradicteur cite à la page 10 de son œuvre. Nous devons ce document à l'inépuisable obligeance du comte du Chastel de la Howardries-Neuvireuil.

Contrat original (chirographe sur parchemin) passé à Gommegnies, le 4 Septembre 1546, pour le mariage de Jehan de Maulde le cadet, avec Jehanne Odelant.

Le futur est accompagné de sa mère Antoinette Moreau et de Jehan de Maulde l'aîné, son frère, et la future accompagnée de Simon Forien, laboureur, son beau-père, et Gérarde de Blancquart, sa mère, veuve de Nicaise Odelant, maieur de Gommegnies, et remariée à Simon Forien, et de Jehan Bultet, son beau-frère.

Comme on le voit, cet acte authentique ne donne aucune qualification nobiliaire à aucun des personnages qui y figurent.

Et c'est pourtant sur de pareilles rêveries, conclut notre contradicteur, que nous établissons une généalogie : " et l'on produit, s'écrie-t-il, une série de notes " informes, de 1610 à 1628, qui ne sont ni publiques, " ni authentiques, ni contradictoires ".

Nous apprenons avec stupéfaction que les actes d'embrefs (rapportés aux pages 24-25 de notre premier travail) ne sont ni authentiques, ni contradictoires, ni publics. Devant la manifestation d'une science aussi profonde, nous n'avons plus qu'à nous incliner sans discuter.

Désirant mettre nos lecteurs à même de juger de la nature des actes d'embrefs, comme des capacités en critique diplomatique de nos contradicteurs, nous donnons *in extenso*, à la fin de notre Réponse, deux de ces pièces: l'une datée du 12 Novembre 1604, dix ans après les fameuses lettres de Philippe II, concerne Jean *de Maulde-Charlart*, receveur de Cambron, et l'autre, du 24 Avril 1620, son fils Jean *de Maulde-Hannoye*, licencié en droit et lois. Comme on peut facilement s'en convaincre, aucun des deux n'est qualifié ni écuyer, ni noble homme; or, il est sans exemple à cette époque que cette qualification ait été négligée dans un acte public, par celui qui avait un droit incontestable à se l'attribuer.

C'est là également l'opinion d'une autorité désintéressée dans la question, M. Émile Fourdin, qui, interrogé par nous en sa qualité d'archiviste de la ville d'Ath, nous a répondu, en ces termes, par lettre du 10 Juin 1880:

" J'ai le vif regret de vous annoncer que je n'ai pu
" découvrir nulle part, ni un acte de mariage, ni un sceau
" scabinal relatif aux *de Maulde*, qui font l'objet de vos re-
" cherches. Dans les divers actes que j'ai parcourus, Jean *de*
" *Maulde-Charlart* et Jean *de Maulde-Hannoye* sont désignés
" sous le nom de bourgeois d'Ath avec la qualification, l'un
" de receveur de Cambron, l'autre de licencié en droit et de
" bailli d'Hellebecq: si ces deux personnages avaient eu quel-
" que titre de noblesse, on n'aurait pas manqué de le men-
" tionner; en effet jusque pour un simple écuyer on ajoutait

" invariablement ces mots : *noble homme* un tel, seigneur
" de.... Je n'ai trouvé rien de semblable pour les membres de
" la famille *de Maulde*..... "

L'argument que nos lecteurs auront pu implici-
tement tirer de l'absence d'armoiries sur la pierre
tumulaire d'Élisabeth *de Maulde*, pierre qui existe
encore aujourd'hui et que nous avons reproduite
sans commentaires, ne semble pas plaire à l'auteur
de la brochure. Il insinue que la demoiselle *de
Maulde* aurait renoncé à ses armoiries par humilité
chrétienne. Nous ne pouvons admettre cette hypothèse, qui ne repose sur aucune base et n'a pas le
mérite de pouvoir s'autoriser d'autres exemples con-
nus. Du reste, nous avons relevé dans les anciens
manuscrits trop d'épitaphes semblables pour n'être
pas convaincu que toutes les religieuses ou filles dé-
votes, issues de famille noble, fesaient bel et bien
graver leurs armes sur leur pierre tombale.

La présence du lys sur celle dont nous nous oc-
cupons ne prouve pas absolument, d'après nous,
qu'Élisabeth de Maulde n'usait pas de blason : au
contraire, fille d'un échevin de la ville d'Ath, receveur de Cambron, peut-être bien se sera-t-elle servi
d'armes à l'emblème dont son père faisait usage, en
ces qualités, pour sceller les pièces officielles relatives
à ses fonctions.

Nous préférons croire l'auteur sur parole quand
il nous affirme, à la page 10, ligne 18, l'existence à

6

St.-Vaast près Bavai, d'un tombeau de Jean *le Maulde* portant 8 quartiers; nous n'avons pu, malgré nos recherches, découvrir nulle part, ni la reproduction de ce tombeau, ni même aucun détail le concernant. Les anciens épitaphiers du pays, que nous avons consciencieusement consultés à cet égard, sont également muets sur ce point.

La famille *de Maulde*, croyons-nous, se trouve dans le même cas, car le dessin de l'épitaphe en question lui a été révélé par une copie certifiée en 1684 (la même année que celle de l'acte rapporté par Boudin) et, en 1703, par les prêtres et hommes de fief de St.-Vaast [1].

Sans nous occuper de la valeur de ce document qui, de nouveau, n'a été enregistré nulle part et n'a par conséquent reçu ni contrôle, ni date certaine, nous nous demanderons d'abord, si ledit tombeau orné de huit quartiers n'a pas avec les ancêtres de Pierre-François *de Maulde* la même relation que l'acte de chevalerie concédé, en 1548, à Tournai, à Jean *de Maulde* et Guillaume *de Cambry*, dont nous avons parlé plus haut.

Et ensuite, comment il se fait que, muni de pièces de cette importance, Pierre-François *de Maulde* ait eu si peu de succès devant le parlement en 1687; ou que, les possédant, il n'ait pas jugé opportun de les produire.

---

[1] Cette pièce était, en 1880, en possession de M. Robert de Maulde, à Kemmel.

Notre contradicteur dit " qu'il n'a jamais ren-
" contré de personnes non nobles portant huit quar-
" tiers au milieu du XVIᵉ siècle ".

Bien que ce soit la règle générale, nous n'hési-
tons pas à dire qu'il y a des exceptions. Nous ne
sommes donc pas absolument de l'avis de notre contradicteur, quand il croit que le port de huit quartiers est une preuve manifeste de noblesse. Au surplus, comme nous avons l'habitude de citer des
exemples à l'appui de nos assertions, nous allons
appeler un instant l'attention de nos lecteurs sur
l'épitaphe de Noël le Boucq, décédé le 16 Mars 1567,
épitaphe que nous cueillons précisément dans la généalogie de la famille *le Boucq*, publiée par le chevalier de Ternas, à la suite de l'*Histoire des choses-les
plus remarquables advenues en Flandre, Hainaut,
Artois, etc.*, par le Sʳ Pierre le Boucq (Douai, 1857),
p. 242.

Cette épitaphe se trouvait autrefois à Valenciennes, derrière le chœur de l'église de Notre-
Dame-la-Grande, et était enchâssée, au siècle dernier, dans la muraille près de la sacristie; d'après un
manuscrit appartenant à M. Louis Bocca, archiviste
du département de la Somme (1857), qui donne l'in-
scription dont elle était ornée, elle portait les huit
quartiers suivants :

DE BOUCQ, BOUGIER, DE SARS, MOLEMBAIS
DE NOYELLES, BARBENÇON dit VILLERS, JALIEN, CHAMART.

Eh bien! ce Noël le Boucq, bien qu'occupant une haute position, portait publiquement huit quartiers sans être noble, puisque M. de Ternas, dans la généalogie de sa famille ne le qualifie ni lui, ni ses enfants, d'écuyer, ce que l'auteur commence à faire seulement pour l'arrière-petit-fils de ce dernier, à savoir Henri le Boucq, écuyer, créé chevalier par le roi Philippe IV d'Espagne, en 1659.

**

Nous croyons avoir largement prouvé qu'en voulant renverser notre travail, notre contradicteur n'a fait que l'affermir. Mais notre œuvre n'est pas terminée, et, avant de déposer la plume, nous avons le devoir de relever une expression qui blesse une mémoire respectée.

Nous n'avons jamais dit que le chevalier de Ternas eût surpris notre bonne foi. Il était l'auteur de la préface de notre travail, mais, n'ayant pas, dès l'abord, vérifié toutes les allégations qu'elle contenait, nous en avons décliné la responsabilité. Aujourd'hui nous sommes heureux que, livrant au public, *sans nous en avertir* ni *sans y être autorisé*, une correspondance exclusivement privée, M. *de Maulde* nous ait mis à même de prouver combien est vraie, dans son fond comme dans sa forme, l'œuvre d'un ami que nous regrettons et à la mémoire duquel nous nous plaisons à rendre un légitime hommage.

Monsieur de Ternas, qui appartenait à une ex-
-cellente famille, originaire de Valenciennes, avait
suivi avec fruit pendant quelques années les cours de
l'École des chartes à Paris, ce dont notre contradicteur, soit dit en passant, paraît ne pas tenir compte.

Dans cet établissement destiné à former des ar-
chivistes paléographes et par conséquent des gens
aptes à s'occuper de généographie, il se mit rapide-
ment au courant de la science, qui devait lui être
plus tard d'une grande utilité dans les travaux généalogiques qu'il allait entreprendre. Nous empruntons
au N° 744, Mercredi 31 Mai et Vendredi 2 Juin 1882,
de la *Gazette de Douai et de l'arrondissement*, les
quelques détails qui vont suivre sur la carrière litté-
raire de cet homme d'esprit, que nous avions le bon-
heur de compter parmi nos amis :

" Mr de Ternas commença par faire paraître en
" 1857, une œuvre d'histoire locale qu'avait écrite
" au XVIIe siècle, l'un de ses ancêtres, Pierre le
" Boucq, gentilhomme Valenciennois (ouvrage dont
il a été question dans le présent opuscule à la
page 43).

" Il fut, en 1861, avec le regretté M. Preux, le
" fondateur des *Souvenirs de la Flandre-Wallonne*,
" recueil qu'il enrichit d'un grand nombre de notices
" généalogiques sur les familles du pays, les de La
" Verdure, les Payen de La Bucquière, les Honoré
" du Locron, les Bérenger, les Clicquet, les de Va-

" licourt, les de Beaumaret, les Josson, les Foucques
" de Wagnonville, etc.

" L'unes d'elles, faite en collaboration avec un
" érudit lillois, M. Fremaux, fut particulièrement
" remarquée à cause de l'étendue des recherches et
" de l'illustration de la famille : c'est celle de la fa-
" mille de Tenremonde, éteinte depuis peu et qui,
" dès le XIIIe siècle, occupait à Lille un rang dis-
" tingué.

" Le même recueil lui doit plusieurs notices sur
" des seigneuries voisines de notre ville : Cuincy,
" Lauwin-Planques, Flers, Belleforière, Oisy, Wa-
" gnonville (sous presse).

" Mr de Ternas a publié aussi un armorial de la
" confrérie de Sainte Dorothée des Récollets-Anglais
" de Douai et, avec M. le comte Paul du Chastel de
" Howardries-Neuvireuil, la généalogie de la famille
" de Bailliencourt dit Courcol, dont la branche aînée
" a eu en Belgique le titre de comte et dont une au-
" tre branche est si honorablement connue dans
" notre ville.

" Il avait été un des membres les plus actifs de
" la société d'agriculture, sciences et arts (commis-
" sion d'archéologie et d'histoire locale); il était
" membre de la commission générale du Musée (sec-
" tion d'archéologie) et y rendait de grands services,
" grâce à son goût et à ses connaissances approfon-
" dies dans toutes les branches de l'archéologie.

" Plusieurs sociétés savantes de France et de Bel-
" gique le comptent parmi leurs plus zélés corres-
" pondants.

" La mort l'a trouvé corrigeant les épreuves
" d'une histoire de la chancellerie d'Artois; il laisse,
" outre un grand nombre de généalogies complètes
" et de notes prises dans des dépôts d'archives pu-
" bliques et privées, une généalogie de la famille
" Becquet de Mégille, qu'il venait de livrer à l'im-
" pression, un recueil des anoblissements de Flandre
" et d'Artois (beaucoup plus complet que ceux de Le
" Seur et de Le Roux), une histoire généalogique du
" Parlement de Flandres (suite à l'œuvre de Plou-
" vain), une histoire de la chancellerie du même Par-
" lement, etc.

" Entre autres mérites, M. de Ternas aura eu
" celui d'être dans notre région le rénovateur des
" études généalogiques; *le premier il les a soumises*
" *aux exigences de la critique la plus scrupuleuse,*
" *condition indispensable pour les mettre au service de*
" *l'histoire générale d'un pays.* "

—

" La malveillance, — la dépendance des auteurs
" qui à leur gré font les familles bonnes ou mauvai-
" ses, — l'omnipotence qu'ils s'accordent avec tant
" de complaisance, — le monople du pouvoir néces-
" saire pour apprécier la noblesse et les généalo-

" gies " — nous auraient seuls guidés dans notre
" publication.

Nous admettons qu'il eût été plus agréable à la
famille *de Maulde de la Tourelle* de nous voir copier
servilement la brochure de M. Amédée Boudin (¹)
et, sans tenir compte de documents authentiques, pro-
bablement inconnus de cet auteur, nous jouer d'un
arrêt de la cour du parlement de Tournai, qui a le
malheur de leur déplaire; de nous voir, en un mot,
trouver un clou généalogique quelconque, qui vînt,
comme un tableau moderne sur de vieux gobelins, les
suspendre aux flancs de l'antique maison *de Maulde*.

Ce clou nous ne l'avons pas trouvé, parce qu'il
n'existe pas; nous avons voulu jeter du jour sur une
question généographique intéressante, et comme cette
branche de l'histoire constitue pour nous une espèce
de sacerdoce, nous avons le droit de nous y adonner
librement, dans un but d'utilité et de distraction, sans
jamais nous résoudre à tronquer la vérité, quelles que
soient les sollicitations qui nous y poussent.

Je remarque avec quelque étonnement que les
auteurs de la brochure, en me citant, m'ont amputé
de mon titre d'écuyer; je leur pardonne volontiers
cette petite satisfaction d'amour-propre. Cette modeste distinction, que m'ont laissée mes parents, me

---

(¹) *Palais de Versailles. Histoire généalogique du Musée des Croisades.* Art. *Maulde.* 1863.

donne le droit de porter franchement des armes qui
sont bien celles de ma famille; elle me constitue un
titre qui, pour être moins ancien que celui qu'ils
s'attribuent, a l'avantage d'être incontesté, puisqu'il
me permet d'être inscrit dans la liste officielle des
nobles de mon pays, où, quoique Belges, les or-
donnateurs de la fameuse Note ne figurent pas encore.

ARTHUR MERGHELYNCK, ÉCUYER

Château de Beauvoorde,
sous Wulveringhem, par Furnes,
le 20 Octobre 1882.

PIÈCES JUSTIFICATIVES

I

Copie d'un document reposant aux Archives de la ville d'Ath.

Liévin le Poivre, marchand-drapier, demeurant à Ath, vend à Jean *de Maulde*, receveur de l'abbaye de Cambron et bourgeois de la même ville, une rente de 25 livres tournois, hypothéquée sur une maison et ses appendances sise hors de la porte d'Enghien " de ladite ville d'Ath ". 12 Novembre 1604.

Soient tous presens et advenir Que par devant les mayeur et eschevins de la ville d'Ath, en nombre de loy, cy desoubz nommez, comparut personnellement Lievin Le poivre, marchant drappier, demorant en ladite ville d'Ath, et la endroit, de sa bonne volonté, sans quelque contraincte, dit et congneult avoir vendu bien et léallement, parmy le pris et somme de quattre cents livres tournois, que receupt avoit dont il s'en tenoit pour content et bien payet, à Jean *de Maulde*, R^r de Cambron et bourgeois de ladite ville d'Ath, à ses hoirs et aians cause après luy, a tousjours heritablement leritaige de vingt cincq livres tournois, monnoye coursable en ce pays et compté de Haynnau au jour de payement, de rente héritable chascun an, a prendre, lever et recepvoir dorsenavant comme nouvelle cherge, aux douzeyme jour des mois de may et novembre, par moictié, sur une maison, chambre, grange, estables, ediffices, jardin applanté d'arbres, courtellerie et heritaige, le lieu comme il se contient enclos de haye, gisante

hors la porte denghien de ladite ville d'Ath, tenant du loing
aux Pretz Le comte, d'aultre costé à Jean Ruchon, mi-che-
min allant dudit Ath à Lenquesaing et a la ruelle desdis
Pretz le comte; sestant par ledit vendeur supmis de payer
annuellement et de demy an a aultre la ditte rente de vingt
cincq livres tournois, argent francq, sans aucune déduction
povoir faire de vingteymes, centeymes ne aultres subsides
quelconques. Et en faire le premier payemert pour la premier demy année le douzeyme jour du mois de may prochain
venant de l'an mil six cents chincq. Et le seconde payement
pour la première annee entiere le douzeyme jour du mois de
novembre enssuivant du mesme an, pour ainsy de la en avant
debvoir continuer et payer a tousiours ou jusquez au rachapt
quy faire sen polra a une fois pour et a raison du denier
seize, en payant audit rachapt faire tous arrieraiges, adve-
nant de temps, coust, frais et despens, se aueunz en y avoit
demorez a payer; pour lequel vendaige effectuer, acomplir et
valoir selon loy, le dit Lievin Le poivre feist de toutte ladite
maison, édiffices, jardin, courteillerie et heritaiges devant
déclaret, rapport en la main de Jean Zvallart ad ce jour
mayeur de ladite d'Ath et sen devesty et desherita bien et
a loy, en poinct temps et lieu que bien faire le povoit et pœult,
comme deritaige venant et apartenant de par D^{elle} Jeanne de
le Croix sa femme et espeuze, aiant jcelle de premières noep-
ces vivante et d'elle enffans aussy vivans, faisant par ledit
vendeur serment de navoir heritaiges ny rerte de son coste,
de patrimoine ne dacqueste soubz le chief-lieu de la ville de
Mons, resort de ladite maison et héritaiges. Et a laquelle
maison et heritaige jcelluy vendeur renoncha bien et suffissament et neant y clasma ne retint une fois, seconde et tier-
che, que pour y prendre et avoir par chascun an, a tousjours
aux termes et debvises de rachapt tel et ainsy que dessus,
par ledit Jean de Maulde, ses hoirs aiant en ce cause, ou au

porteur du présent chirographe la ditte rente de vingt chincq
livres tournois, et a telle fin et condition que sy lon diffailloit
de payer jcelle rente de quelques terme et de combien que ce
fuist, que jncontinent ceste deffaulte advenue ou de la en
avant, ledit Jean de Maulde se polra faire payer sur toutte la
la devant ditte maison et heritaiges soit par plainte de censse
et de loix ou de vendue a nouveau heritier, ainsy que bon luy
semblera ou audit porteur dudit present chirographe, et
que la loy du souverain chief-lieu de laditte ville de Mons
donne et vœult en tel cas. Sur quoy ledit mayeur, à la requeste
dudit Jean *de Maulde* reporta a l'enseignement et jugement
des dis Eschevins toutte la preditte maison et heritaiges en-
tierement en la main de Jean le merchier dit bosquillon. Et
l'en adherita, advesty et mist ens biens et a loy, comme mam-
bourg pour sauver et garder les deboises et condition qui
celluy Jean de Maulde declara estre telle que s'enssuilt; c'est
assavoir qu'il a retenu le povoir de laditte rente de vingt
chincq livres tournois l'an, joir et possesser sa vie, et en tout
estatz en faire sa volonté, et pour sy en son vivant riens n'en
faisoit et que la Da^le (Damoiselle) JACQUELINE CHARLART sa
femme et espeuze le fuist survivant, en joir par jcelle le cours
de sa vie durante seullement, pour apres le trespas du dernier
d'eulx deulz sans aultre disposition, aller et apertenir jcelle
ditte rente aux enffans quil ont et avoir polront l'un de l'aultre par egallité. Le tout à la scemonse dudit mayeur, par le
jugement et sieulte faicte paisible desdis Eschevins quy dudit héritaige avoient et-ont a jugier et quy jugeurs en sont,
aux us et coustumes du lieu et bien en furent touttes les
droictures paiées. Auquel vendaige achapt desheritance, ad-
heritance et a tout ce quy dessus est dict faire et passer bien
et a loy, fut present comme mayeur de la ditte ville dAth
ledit Jean Zuallart, et se y furent aussy preseñs comme
Eschevins d'icelle ditte ville pour ce speciallement apelles

saulf tous droix Jean de Florbecq, Abraham Le Waitte, Jean
le Roy et Jean de Barale. Ce fut faict et passet bien et a loy,
en laditte ville d'Ath, le douzeyme jour du mois de novembre
an mil six cents et quattre.

> Original sur parchemin, reposant
> aux archives de la ville d'Ath.
> Boîte n° 16.
>
> (Signé) Ém. Fourdin.

II

Extrait d'un registre reposant aux Archives de
la ville d'Ath.

Jacqueline Desquesnes vend à Jean *de Maulde-
Hannoye* une rente de 11 livres 10 sols tournois,
hypothéquée sur une maison sise à Ath, " en la rue
du Chasteau-Bourlu ".

Ledit jour et an, en présence que dessus, Jacqueline
Desquesnes, jeune fille à marier en eage xxij ans, deuement
émancipée, partant sa fille france, cogneult avoir vendu à
Jean *de Maulde*, fils, licencié en droix et loix, unze livres dyx
sols tournois l'an de rente, prins en iiij^{xx} vj L. cincq sols tournois, au denier vingt, eschéant au xxij^e jour des mois de mars
et septembre, deues par Pierre Masnere, sur une maison et
héritage, en la rue du Chasteau-Bourlu, tenant à Nicolas
Wannepain et aux hoirs Michel Dumont, quy estoit toutté
telle part et action qu'icelle vendresse povoit avoir en laditte
rente, partageant contre ses cohéritiers et à elle thombé en
partage faict avecq Jean Poplimont, son beau frère, comme

marri de Jenne Duquesnes, sa sœure, pour par ledit acquesteur en joyr prestement et recevoir à son prouffit l'annee en-
thière quy escherra au xxij de Septembre prochain, deshérité
come à elle venant de son patrimoisne, estant en son demi-
sellage, suffissament eagée et émancipée sa fille franche, ad-
hérité ledit *de Maude* acquesteur pour par luy et Da.ᵉˡˡᵉ Marie
Hannoye, sa femme en joyr toutte leur vie et en faire leur
volentez en tous estatz, pour après leur trespas aller selon
loy. — Rambany xvⁿᵉ.

(Signé) J. Zuallart,   Jacques Depouille,
     Jacques Collet,   Clément Willame,
          J. Marokin.

Extrait du registre des embrefs 1620-21.
Folio 62 vᵒ, nᵒ 94.

(Signé) Ém. Fourdin.

157

www.ingramcontent.com/pod-product-compliance
Lightning Source LLC
LaVergne TN
LVHW022153080426
835511LV00008B/1377